avec prix de Moustiers et q.q. autres
1863 (Décembre 7-8)

CATALOGUE

D'UNE BELLE & NOMBREUSE RÉUNION D'OBJETS D'ART

FAÏENCES

ITALIENNES ET FRANÇAISES

Faïences italiennes d'Urbino,
Castel-Durante, Faënza, Castelli, Laffratta, Venise, etc.;
Faïences françaises de Moustiers, Marseille, Nevers, Strasbourg, etc., etc.;
Bronzes florentins et autres, Pendules de Boule. Tableaux, Cadres, etc.

MEUBLES ANCIENS

Grand et beau Cabinet florentin orné de mosaïques en pierres dures et de bronzes très-riches;
Cabinets, Grand Meuble Louis XIII, Prie-Dieu,
Canapés, Chaises et Fauteuils Louis XVI; Beaux Groupes en terre cuite,
Madone en marbre et terre cuite; Missel sur vélin;
Objets de montre, Bijoux, Tabatières, Pendants d'oreilles;
Parure Louis XIII, Demi-Parure par CARDAILLAC; Émaux de Limoges et de Venise;
Bagues, Broches, etc., etc.

Le tout arrivant de l'Étranger

DONT LA VENTE AUX ENCHÈRES PUBLIQUES AURA LIEU

HOTEL DROUOT, SALLE N° 1

AU PREMIER

Les Lundi 7 et Mardi 8 Décembre 1863

À DEUX HEURES

Par le ministère de Me **CHARLES PILLET**, Commissaire-Priseur,
rue de Choiseul, 11,

Assisté de M. **ROUSSEL**, Expert, rue Rochechouart, 48,

Chez lesquels se distribue le présent Catalogue.

EXPOSITION PUBLIQUE

Le Dimanche 6 Décembre 1863, de deux heures à cinq heures.

(Vente Rivet)

CONDITIONS DE LA VENTE

Elle sera faite au comptant.

Les adjudicataires payeront *cinq pour cent* en sus des enchères, applicables aux frais.

Paris. — Imp. de Pillet fils aîné, rue des Grands-Augustins, 5.

DÉSIGNATION

DES OBJETS

1 — Grand vase brûle-parfum en faïence fond bleu lapis, décoré sur ses quatre faces d'ornements et de rosaces repercées à jour avec rehauts d'or. Cette pièce, d'une grande élégance dans le style Louis XV, est un des plus rares spécimens de l'ancienne faïence de Naples. Epoque de Charles III.

2 — Vase de forme ovoïde, très-riche d'émail et de décors sur fonds alternés de jaune et de vert. De l'ancienne fabrique de Castel Durante.

3 — Vase forme sphéroïde, fond jaune d'or orné de rinceaux, mascarons et têtes de chevaux. Même fabrique.

4 — Deux vases même forme et même fabrique.

5 — Grand vase cylindrique à médaillon, orné de rinceaux sur fond bleu. Ancienne fabrique d'Urbino.

6 — Vase à piédouche et à anses formées par des chimères, décoré de sujets mythologiques. Ancienne fabrique d'Urbino.

7 — Vase à piédouche de forme élégante avec couvercle décoré sur fond blanc d'ornements bleus et d'un large écusson aux armes des Gondi. Même fabrique.

8 — Deux vases ovoïdes à anses et à becs. Même décor, même écusson et même fabrique.

9 — Grand vase cylindrique orné de médaillons et d'arabesques jaunes et bleues sur fond blanc. Fabrique d'Urbino.

10 — Deux vases forme droite à médaillons décorés de rinceaux, très-riches de couleur. Ancienne fabrique d'Urbino.

11 — Deux vases ovoïdes. Même décor, même fabrique.

12 — Deux autres vases ovoïdes. Même décor, même fabrique.

13 — Deux autres vases ovoïdes, moins fins. Même décor, même fabrique.

14 — Un vase cylindrique. Même décor, même fabrique.

15 — Deux vases cylindriques, ornés d'arabesques à la Raphaël sur fond blanc. Ancienne fabrique d'Urbino.

16 — Deux vases, même forme et style sur fond bleu. Fabrique d'Urbino.

17 — Vase forme droite, orné de feuillages et d'inscriptions. Fabrique d'Urbino.

18 — Deux gros cornets en ancienne faïence de Castel Durante.

19 — Vase droit très-riche de décors et d'émail. Même fabrique.

20 — Un vase droit très-riche de décors et d'émail. Même fabrique.

21 — Vase forme ovoïde, très-riche de décors et d'émail. Même fabrique.

22 — Vase forme potiche, très-riche de décors et d'émail. Même fabrique.

23 — Deux vases forme potiche, ornés de médaillons et d'attributs, de l'ancienne fabrique de Castel Durante.

24 — Vase orné d'armoiries. Même fabrique.

25 — Deux vases forme sphéroïde, très-riches de décors. Même fabrique.

26 — Deux vases forme sphéroïde, à ornements bleus sur fond blanc. Même fabrique.

27 — Deux vases ovoïdes avec anses à serpent, de forme gracieuse, très-richement décorés d'arabesques à la Raphaël sur fonds bleus et blancs de l'ancienne fabrique d'Urbino.

28 — Vase ovoïde à anses et à bec décoré de rinceaux jaunes sur fond brun, pièce élégante et rare. Même fabrique.

29 — Un autre vase à anses, plus petit. Même fabrique.

30 — Deux vases à anses et écussons décorés du monogramme du Christ. Même fabrique.

31 — Deux vases à peu près semblables, forme potiche. Même fabrique.

32 — Vase ovoïde très-finement orné de rinceaux et d'attributs. Même fabrique.

33 — Vase forme buire, richement décoré. Même fabrique.

34 — Vase à anses, décoré d'une armoirie. Même fabrique.

35 — Deux jolis petits vases avec anses à serpents et couvercle, richement décorés d'attributs et de médaillons représentant la Fortune, qualité fort rare de l'ancienne fabrique d'Urbino.

36 — Deux jolies cornets. Mêmes décors, même fabrique.

37 — Deux bouteilles. Mêmes décors, même fabrique.

38 — Petit vase à piédouche, forme gracieuse, très-fin de décors et d'émail. Ancienne fabrique Castel Durante.

39 — Petit vase à piédouche surmonté d'une anse d'une forme très-élégante, richement orné de mascarons et d'arabesques sur fond blanc. Pièce exceptionnelle de l'ancienne fabrique d'Urbino.

40 — Vase d'Urbino à anses, d'un joli décor.

41 — Vase d'Urbino à anses, d'un joli décor.

42 — Grand vase d'Urbino à anses, décoré d'une armoirie.

43 — Vase à reflets métalliques d'une forme gracieuse, décoré de rinceaux et de mascarons. Ancienne fabrique de Deruta.

44 — Vase à piédouche et à anses. Même décor, même fabrique.

45 — Deux gros cornets très-fins de décor. Même fabrique.

46 — Deux cornets très-riches d'émail, à la reine de Florence, qualité devenue très-rare. Même fabrique.

47 — Deux beaux cornets ornés d'une armoirie et de rinceaux jaunes sur fond bleu. Ancienne fabrique de Castel Durante.

48 — Deux cornets ornés de médaillons très-riches d'émail et de décors. Même fabrique.

49 — Deux cornets très-beaux de décors, même fabrique.

50 — Sous ce numéro, six paires cornets, mêmes décors et même fabrique, seront vendus par paire.

51 — Sous ce numéro, six paires de cornets, mêmes décors, même fabrique, mais un peu plus petits de forme, seront aussi vendus par paire.

52 — Sous ce numéro, cinq paires de très-petits cornets, très-riches d'émail et de décors, même fabrique, seront vendus par paire.

53 — Deux brocs à bec, de la même fabrique.

54 — Une salière très-riche de décors, ancienne fabrique d'Urbino.

55 — Deux salières ornées d'arabesques, même fabrique.

56 — Deux autres, mêmes décors, même fabrique.

57 — Deux autres, mêmes décors, même fabrique.

58 — Pièce formant jet d'eau en ancienne faïence d'Urbino.

59 — Chimère très-curieuse de forme, même fabrique.

60 — Buire et son plateau en faïence, à reflets métalliques, pièce très-rare de l'ancienne fabrique de Laffratta.

61 — Deux cafetières représentant des oiseaux posés sur des branches, très-originales de forme et de décors, fabrique inconnue.

62 — Vase à piédouche orné des armes des Médicis en relief sur fond brun. Ancienne fabrique de Montelupo.

63 — Deux autres pièces de la même fabrique.

64 — Deux jolies bouteilles finement décorées. Ancienne fabrique de Pavie.

64 *bis* — Deux vases à piédouche et couvercle d'un charmant décor. Même fabrique.

65 — Deux petits flambeaux finement décorés. Ancienne fabrique de Pavie.

66 — Deux petits flambeaux finement décorés. Fabrique d'Urbino.

67 — Deux vases droits de forme hexagone servant de porte-lumières, décorés d'amours et d'ornements en camaïeu du meilleur effet. De l'ancienne fabrique de Savonne.

68 — Deux vases à piédouche et a anses ornés de mascarons et de sujets en camaïeu bleu. Ancienne fabrique de Savonne.

69 — Deux autres, mêmes décors et même fabrique.

70 — Autre, même décor avec un écusson aux armes de la famille Colona. Même fabrique.

71 — Trois petits vases à anses d'une forme gracieuse. Même fabrique.

72 — Deux hanaps décorés de sujets très-fins. Même fabrique.

73 — Deux bouteilles, mêmes décors. Même fabrique.

74 — Vase à anse de forme curieuse en faïence verte, orné de mascarons et de reliefs. De l'ancienne fabrique de Laffratta.

75 — Vase décoré de taureaux fantastiques et d'ornements mauresques en camaïeu bleu, spécimen très-rare et très-curieux de l'ancienne fabrique d'Alcora en Espagne.

76 — Joli vase décoré de sujets champêtres, avec couvercle. De l'ancienne fabrique de Castelli.

77 — Vase très-richement doré de fleurs en relief, en ancienne porcelaine de Naples.

78 — Vase brûle-parfums décoré de fleurs et d'animaux. Même fabrique.

79 — Vase de forme élégante orné de sujets en haut-relief. De l'ancienne fabrique de Capo di Monte. Monté en bronze doré.

80 — Deux coupes de forme gracieuse supportées par des Syrènes; ces pièces, de l'ancienne fabrique de Capo di Monte, sont très-remarquables par le fini de leur exécution.

81 — Quatre petites statuettes représentant des enfants d'un modèle remarquable. Même fabrique.

82 — Autre statuette de Bacchus. Même fabrique.

83 — Grande plaque, signée B. Terchi, représentant Jésus au Jardin des Oliviers.

84 — Huit plaques représentant divers sujets de l'ancienne fabrique de Castelli. Seront vendues séparément.

85 — Très-jolie bouteille, forme plate à deux goulots, finement décorée d'enfants et d'ornements. Même fabrique.

86 — Beau plat à reflets métalliques, orné d'un sujet mythologique, l'*Enlèvement de Proserpine*, d'une admirable exécution, signée par Maestro Giorgio Andréoli. Ancienne fabrique de Gubio.

87 — Plat très-riche d'émail et de couleurs représentant un sujet des Fables d'Ovide; cette pièce remarquable, aux armes des Puci de Florence, est signée par Francesco Xanto, et faite à Urbino en 1532.

88 — Autre, même décor et même auteur.

89 — Grand plat richement peint, représentant les Filles de Niobé frappées de flèches par Diane et Apollon. Cette pièce, d'une conservation parfaite, est justement attribuée à Francesco Xanto.

90 — Grand plat représentant une bataille peinte en camaïeu bleu. De l'ancienne fabrique de Savonne.

91 — Grand plat richement orné d'arabesques à la Raphaël. De l'ancienne fabrique d'Urbino.

92 — Autre grand plat orné d'un sujet de l'Histoire Sainte. Même fabrique.

93 — Plat d'Urbino, Vénus et l'Amour sur des Dauphins, par Francesco Xanto.

94 — Plat d'Urbino, Esculape rend la vie aux mourants; d'une grande finesse d'exécution.

95 — Plat d'Urbino, Triomphe de Galathée, par Francesco Xanto. Pièce très-fine.

96 — Plat d'Urbino, Apollon sur un char.

97 — Plat de Faenza, au milieu une Panthère; les bords en sont gracieusement décorés.

98 — Plat de Castel Durante. Un Amour, les yeux bandés, est attaché à un arbre.

99 — Plat avec armoirie et ornements fantastiques, signé par Maestro Giorgio.

100 — Plat avec armoirie et ornements fantastiques, signé par Maestro Giorgio.

101 — Grande coupe à piédouche, richement décorée, ancienne fabrique d'Urbino.

102 — Coupe à larges côtes, ornée de médaillons en polichrome. Très-belle pièce.

103 — Coupe à godrons, très-riche d'émail et de décors. Fabrique de Faenza.

104 — Six autres coupes, mêmes décors et même fabrique. Seront divisées.

105 — Un plateau sur piédouche, très-finement décoré. Ancienne fabrique d'Urbino.

106 — Un plateau sur piédouche représentant des guerriers. Ancienne fabrique d'Urbino.

106 *bis* — Jolie petite plaque ronde, ornée d'un sujet historique; échantillon très-fin de l'ancienne fabrique de Faenza.

107 — Un plateau sur piédouche avec une armoirie et des ornements très-fins.

108 — Un plateau sur piédouche avec une armoirie et des ornements très-fins.

109 — Buire à une anse, décorée en polichrome sur fond blanc. Pièce fine.

110 — Beau vase à anses formées par des chimères, richement décoré de bouquets de fleurs. De l'ancienne fabrique de Venise. (Époque Louis XV.)

111 — Vase forme potiche, mêmes décors, même fabrique.

112 — Plat ovale rehaussé d'or; au milieu, des enfants symbolisant l'architecture; le marli est décoré de bouquets peints avec la plus grande perfection. Pièce très-rare, de la même fabrique.

Faïences des fabriques modernes italiennes.

113 — Deux grands vases avec anses à serpents, de forme élégante, représentant des combats antiques, par Giustiniani, de Naples.

114 — Deux vases à couvercle, forme Médicis, décorés de sujets mythologiques, d'une belle exécution, par le même auteur.

115 — Deux vases de forme élancée et gracieuse, décorés d'ornements et de paysages, par le même auteur.

116 — Vase à piédouche et à anses, orné de médaillons et de rinceaux jaunes sur fond bleu, imitation d'Urbino, par Ginori, de Florence.

117 — Grand plat représentant l'attaque d'une ville; le marli est richement décoré de chimères, de guerriers, de mascarons et ornements fantastiques; très-belle pièce, par Ginori de Florence.

118 — Plat orné de Figures, imitation d'Urbino, même fabrique.

119 — Plat très-fin, la Sainte Famille, imitation des Castelli.

120 — Six autres plats, même fabrique. Seront vendus séparément.

121 — Grande plaque, Moïse sauvé des eaux, par Giustiniani.

122 — Grande plaque, l'Enlèvement d'Europe, par le même.

123 — Grande plaque, l'Enlèvement de Proserpine, par le même.

Faïences françaises.

124 — Grande pièce en faïence brune dans un plateau, le tout découpé à jour ; ornée de reliefs de la plus grande originalité. Cette pièce remarquable est de l'ancienne fabrique d'Avignon.

125 — Vase à anses, fond bleu de roi, orné de dessins blancs. De l'ancienne fabrique de Nevers.

126 — Deux vases à anses, décorés d'ornements et de sujets chinois. De l'ancienne fabrique de Marseille.

127 — Soupière ovale et son plateau, ornée de bouquets d'une grande finesse d'exécution. Fabrique de Marseille.

128 — Pot à eau et son bassin, décoré de bouquets de fleurs d'une vigueur et d'un éclat extraordinaires. Même fabrique.

129 — Petite jardinière d'une forme gracieuse, ornée de bouquets dont la perfection a rarement été égalée. Pièce tout à fait exceptionnelle de l'ancienne fabrique de Marseille.

130 — Corbeille à jour, décorée de fleurs. Même fabrique.

131 — Corbeille à jour, même décor très-fin. Même fabrique.

132 — Sucrier dans un plateau, même décor. Même fabrique.

133 — Sucrier dans un plateau, même décor. Même fabrique.

134 — Sucrier orné de petits bouquets très-fins. Même fabrique.

135 — Douze assiettes décorées de fleurs du meilleur goût. Fabrique de Robert.

136 — Six autres assiettes décorées de fleurs du meilleur goût. Même fabrique.

137 — Petite jardinière, mêmes décors. Même fabrique.

138 — Plateau à anses gracieusement décoré. Même fabrique.

139 — Deux coupes forme coquille, décorées de fleurs d'une grande finesse. Pièces exécutées par Joseph Hanoug, de Strasbourg.

140 — Deux plateaux à contours, même décor. Même fabrique, par Paul Hanoug.

141 — Soupière et son plateau, même décor. Même fabrique.

Ancienne fabrique de Moustiers.

142 — Grand bassin ovale servant autrefois à mettre rafraîchir le vin, richement décoré en camaïeu bleu, de mascarons et d'arabesques dans le style oriental; le fond du bassin est orné d'une Chasse au buffle d'après Tempesta. Cette pièce, d'une exécution et d'une conservation remarquables, se trouve spécialement décrite dans l'ouvrage sur les Faïences méridionales de M. J. C. Davillier.

143 — Deux vases de forme élégante, décorés d'ornements dans le style des Faïences de Rouen.

144 — Deux cachepots d'un décor très-riche et très-fin. Même style.

145 — Très-grand vase à larges côtes, aux armes des Séguier, célèbre famille du Midi; décor d'un très-beau style en camaïeu bleu tendre.

146 — Belle fontaine cylindrique avec son bassin, richement ornée de cariatides dans le style de Berain, support en fer forgé du temps.

147 — Grand vase ovoïde, décoré en bleu de sujets mytholo-

giques. Beau spécimen des premiers temps de la fabrique de Clericy.

148 — Soupière ovale, ornée de dessins très-fins d'après Berain.

149 — Deux grands plats ovales, même décor.

150 — Grand vase très-finement décoré, d'après Berain.

151 — Plat ovale d°, même décor, très-beau d'émail.

152 — Plat ovale avec une armoirie, décor très-beau d'émail.

153 — Fontaine et son bassin, de forme très-gracieuse, décorée en jaune orange d'ornements et de fleurs du meilleur effet.

154 — Pot à eau et son bassin, ornés de bouquets et guirlandes en polichrome.

155 — Plateau creux ovale, même décor très-fin.

156 — Plat ovale à médaillon, même décor.

157 — Petite jardinière d'un décor et d'un émail exceptionnels. (fleurs en polychrome)

158 — Coupe décorée d'un sujet gracieux, pièce toute artistique.

159 — Grand plat rond, bords à contours, décoré d'ornements et grotesques en camaïeu orange, dans le style de Callot. Signé par Olery.

Terres cuites

160 — La Sainte Famille en faïence, à reliefs émaillés, par Lucca de la Robbia. Cette pièce, d'une admirable exécution, offre une particularité très-intéressante ; la tête de saint Joseph est le portrait exact de Lucca le vieux. Cette fantaisie s'est trouvée assez rarement dans les œuvres de ce célèbre artiste.

161 — Madone en stuc dur, œuvre pleine de sentiment de l'école primitive.

162 — Autre madone dans un cadre, même style et même époque.

163 — Deux groupes en terre cuite. Enfants jouant ensemble. L'exécution et la grâce de cette œuvre italienne seront certainement appréciées.

164 — Statuette en terre cuite. Jésus enfant. Bonne exécution.

165 — Grand plat en stuc dur ancien, à reliefs très-fins, mou-

lés sur une pièce d'argenterie attribuée à Benvenuto Cellini.

165 *bis* — Madone en marbre blanc. Travail fin et gracieux.

Meubles et Tableaux

166 — Grand meuble bureau, style Louis XIV, en bois d'olivier richement orné d'incrustations en citronnier. La forme élégante de ce meuble et sa belle conservation en font une pièce remarquable.

167 — Prie-Dieu en vieux chêne sculpté. Beau travail vénitien.

168 — Petit cabinet en marqueterie d'ivoire et ébène. Travail vénitien.

169 — Grand et beau cabinet d'ébène à tiroirs incrustés de plaques d'anciennes mosaïques en pierre dure de Florence. Cette pièce remarquable est richement ornée de bronzes dorés de la meilleure époque et de la plus belle exécution.

170 — Grande console en bois sculpté et doré, style Louis XV, avec dessus en marbre jaune antique.

171 Deux vitrines formant encoignures, en bois sculpté et doré.

172 — Deux fauteuils en ancien bois sculpté, couverts en velours brodé, très-richement garnis. Epoque Louis XIII.

173 — Ancien meuble style Louis XVI, composé de 1 canapé, 4 fauteuils et 4 chaises, très-finement sculptés.

174 — Grande glace à biseaux dans un cadre florentin en bois sculpté et doré, ouvrage d'une belle et large exécution.

175 — Pendule de Boule, ornée de bronzes dorés au feu et finement ciselés.

176 — Autre pendule, même style, avec socle.

177 — Autre pendule, même style.

178 — Petite pendule gothique en bronze doré. XVIe siècle.

179 — Beau portrait d'un seigneur du XVIe siècle, richement encadré.

180 — Portrait de femme, époque Louis XV, richement encadré.

181 — Charmant tableau; la Toilette des Amours, par Romanelli.

182 — Petit tableau sur bois. Scène champêtre au XVIe siècle.

183 — Deux petits tableaux sur bois, représentant des fruits et reptiles très-finement peints, par Hamilton.

184 — Deux cadres en bois sculpté florentins, rehaussés d'or, d'un beau style renaissance.

185 — Deux autres cadres même style, mêmes décors, mais plus petits.

186 — Deux autres cadres même style, non dorés, très-fins de sculpture.

187 — Quatre petites glaces de Venise gravées, dans leur cadre de l'époque.

188 — Deux petits supports en bois sculpté et doré, masques antiques.

189 — Joli petit émail de Penicaud en grisaille, représentant une madone, ouvrage d'une grande finesse et d'un beau sentiment.

Objets divers

190 — Petite statuette en bronze du XVIe siècle, très-finement ciselée, montée sur un beau socle en porphyre rouge oriental.

191 — Deux statuettes dorées en bronze du XVIe siècle, sur socles en bois.

192 — Statuette en bronze du XVIe siècle, d'une belle patine et d'une belle exécution, représentant un Amour posé sur un tronc de colonne en granit rose oriental.

193 — Heurtoir en bronze du XVIe siècle, représentant l'anneau de Laurent de Médicis, pièce fort curieuse et d'une belle patine.

194 — Heurtoir en fer ciselé, style Louis XV. Beau travail.

195 — Heurtoir en fer ciselé. Epoque Louis XVI.

195 *bis*. — Deux petits flambeaux bronze incrusté d'argent; travail vénitien, XVIe siècle.

196 — Vasque ovale en cuivre, repoussée à anses; travail vénitien.

197 — Vase à anse en cuivre repoussé, d'une jolie forme.

198 — Quatre plats en cuivre, avec ornements et inscriptions gothiques d'une belle conservation, seront vendus séparément.

199 — Huit pièces de verrerie de Venise, seront vendues séparément.

199 *bis* — Une belle soupière en porcelaine de Frankenthal, très-gracieusement décorée.

Bijoux.

200 — Petite montre en or, style Louis XV, à répétition, ornée d'un émail et de ciselures très-fines.

201 — Autre, même style et mêmes ornements.

202 — Une autre, même style et mêmes ornements.

203 — Une autre, même style, avec entourage de perles fines.

204 — Joli petit sucrier en argent repoussé et ciselé, époque Louis XV.

205 — Etui en jaspe sanguin, richement monté en or ciselé et renfermant tout un petit nécessaire garni en or fin.

206 — Collier en pierres fines, montées sur argent doré et émaillé, d'une belle exécution, époque du XVIe siècle.

207 — Demi-parure, composée d'une broche et de deux pendants d'oreille en or émaillé, enrichie de pierres fines, style français du XVIe siècle; attribuée au célèbre Cardaillac.

208 — Paire de pendants d'oreille formés de nicolots anciens et de pierres fines. Ouvrage très-élégant.

209 — Broche en or, ornée de rubis, époque Louis XIII.

210 — Broche forme oiseau, enrichie de pierres fines et perles.

211 — Six bagues en or, anciennes, ornées de pierres fines et de nicolots, seront vendues séparément.

212 — Belle tabatière en matière orientale très-rare, montée en or, style ancien.

213 — Coupe en ancien émail de Venise, avec rehauts d'or et armoirie sur l'ombilic. Pièce d'un beau travail.

214 — Plat d'émail de limoges en grisaille, représentant Joseph et ses frères. Ouvrage d'une belle exécution, par Penicaud III.

215 — Missel sur vélin, du xve siècle, orné de huit miniatures et de nombreuses vignettes très-fines.

216 — Couvre-lit en ancienne étoffe de soie brochée très-riche.

217 — Dessus d'édredon en vieille guipure vénitienne.

218 — Couvre-lit en ancienne guipure vénitienne d'un beau dessin.

219 — Tapis en ancienne guipure vénitienne d'un beau dessin.

220 — Figurines en terre cuite peintes et habillées. Travail napolitain exécuté par San Martino.

Etui en cuir gaufré et ciselé au burin, décoré de rinceaux, de lions et de léopards, d'une exécution remarquable. Ouvrage du XVIe siècle.

222 — Grand coffre fort en fer forgé, orné de ciselures de l'époque Louis XVI. La serrure et la clef sont d'un travail très-fin.

223 — Sous ce numéro seront vendus les objets omis au catalogue.

www.ingramcontent.com/pod-product-compliance
Ingram Content Group UK Ltd.
Pitfield, Milton Keynes, MK11 3LW, UK
UKHW021037260726
13994UKWH00005B/2198

9 782329 507316